AMORES SURDOS

AMORES SURDOS

GRACE PASSÔ

Cobogó

AMORES SURDOS

Mire e veja

Por Grace Passô

Tenho uma mãe e sete irmãos. Quase todos começam com a letra G. Por isso chamam-me Grace. É um nome norte-americano. Pois sim, família brasileira, vindo do interior com a causa nobre da classe operária: que os filhos cresçam com uma faculdade. Meu pai era negro, minha mãe, nordestina, eu e os irmãos, negros. Sim, minha família é uma família brasileira. Aquela em que a mulher é forte, e é do ventre que sai o grito e resolve a vida. Tenho duas irmãs que moram na França e passei minha infância recebendo seus telefonemas. Quando tocava o telefone, era como tocar um sino, era preciso correr, a ligação custava caro, minha família falava alto, e com a voz construía a distância. Elas sempre falavam que na França estava fazendo muito frio, que tinham saudades de feijão, e coisas assim. Meu pai morreu. Eu não cheguei a conhecê-lo, mas passei a infância ouvindo suas histórias, muitas, de todos os tipos, histórias de povoar a imaginação. Tinha, no máximo, quatro retratos dele e sempre tive o desejo de vê-lo se mover, porque as fotografias ainda são estáticas. E eu passei a infância assim: fingindo que ele estava vivo. Eu e todos os gês.

Aí, inventaram a metáfora. Aprendi no colégio. Essas aulas eram as melhores, não me obrigavam a fazer contas com fórmulas da química. Então eu botei essas historinhas com outros nomes, outras situações que a santa linguagem permite. E *Amores surdos* nasceu. Eu devia ter sido mais profissional nas palavras, eu sei, analisado as funções do discurso, demonstrado minha capacidade de valorizar uma história íntima que se coletiviza no encontro do espanca! com o público, deveria ter lembrado o embasamento de *Aquele que diz sim*, de Brecht (já que a família disse sim ao Grande Bicho), ter falado da estrutura trágica em que se baseia o texto, do conceito de personagem e outras coisas mais. Mas essa lua, mas essa vida botam a gente comovido como o diabo. E sabe, esse blá-blá-blá todo esconderia algo muito simples: a vida e seus passinhos delicados, pocotó-pocotó, dia após dia. É só isso. Isso é pouco e é muito. Isso é quase tudo. Reconheça. E você, que deitará seus olhos nas próximas páginas, sela um pacto comigo: eu abro a casa, mas que você limpe seus pés antes de entrar, e mire os quadros, os discos escolhidos em cada etapa da vida com muito critério, os copos, talheres e louças, o banheiro com os perfumes, escova de dentes e marcas de creme; que mire com muito respeito.

Eu seria irresponsável se não dissesse isso: este texto nasceu como uma ode à minha família. Ao que vivemos e construímos juntos. Os rascunhos, comecei a escrevê-los com meus poucos 17 anos, enquanto – imagino hoje – deveria estar me indagando sobre como o amor é complexo. No começo, não imaginava que interpretaria a Mãe. E quando tive que improvisar a ordem de não matar o Grande Bicho, minha cabeça estava na minha história, quando meu pai morreu repentinamente e de repente, foi preciso um grito maternalmente cru para acordar algumas pessoas de que era preciso continuar a viver.

Tenha uma boa leitura, irmão de página.

Este texto foi elaborado no processo de criação do espetáculo do grupo espanca! em maio de 2009, em Belo Horizonte. A peça estreou no dia 24 de março de 2006 no Auditório Bento Munhoz da Rocha Neto – Guairão, em Curitiba, Paraná.

Direção: RITA CLEMENTE
Dramaturgia: GRACE PASSÔ
Atores: ASSIS BENEVENUTO (Joaquim), GRACE PASSÔ (Mãe), GUSTAVO BONES (Pequeno), MARCELO CASTRO (Samuel) MARIANA MAIOLINE (Graziele)
Na primeira montagem: PAULO AZEVEDO (Pequeno) e SAMIRA ÁVILA (Graziele)
Consultoria Dramatúrgica: ADÉLIA NICOLETE
Assistente de Direção: MARIANA MAIOLINE
Cenografia: BRUNA CHRISTÓFARO
Iluminação: CRISTIANO ARAÚJO e EDIMAR PINTO
Figurino: PAOLO MANDATTI
Trilha Sonora: DANIEL MENDONÇA
Direção Vocal: BABAYA
Preparação Vocal: MARIANA BRANT e CAMILA JORGE
Preparação Corporal: DUDUDE HERRMANN e IZABEL STEWART
Coreografia/Professor de Sapateado: EURICO JUSTINO
Técnico e Operador de Luz: EDIMAR PINTO
Cenotécnico: JOAQUIM SILVA
Costureiras: MÉRCIA LOUZEIRO e IRENI BARCELOS
Produção: ALINE VILA REAL
Realização: GRUPO ESPANCA!

Uma casa de família com duas passagens. Uma porta de entrada onde vê-se quem chega e quem sai. E outra que leva para os fundos da casa. Percebe-se que a área onde acontecem as cenas é apenas uma parte da residência. Há uma outra área onde, presume-se, está o restante da casa.

a família:
A MÃE;
GENTIL, O PAI;
OS FILHOS: JOAQUIM, SAMUEL, JÚNIOR, GRAZIELE E PEQUENO, O CAÇULA DA FAMÍLIA.

"Estão todos dormindo.
Estão todos deitados
Dormindo
Profundamente."

Manuel Bandeira, "Profundamente"

I. "...estamos na mesma situação"

A família lê uma carta, remetida pela família vizinha. A carta passa de mão em mão e todos sentem dificuldades no entendimento de suas palavras.

Saudações.
Devido a vossas reclamações, vimos através desta esclarecer os motivos das discussões em tom alto em nosso recinto. Sabeis que se entre nós gritamos não é para que possamos nos escutar melhor, e sim pelo "amor". Preferimos assim a repartir um silêncio grávido da rotina. Sabeis o quanto o dia a dia encerra os nossos sentidos, desenha nossas almas no hábito e, portanto, o quanto a vida cá nessas quatro paredes não é doce, branda ou suave. Aproveitamos o ensejo para dizer que se por vezes colocamos nossas músicas em tom alto é por acreditar que melhor que escutar nossas lamuriosas discussões, é ouvir a delicadeza das canções.

Vós sabeis. Sabeis porque sois também, assim como nós, dessa linhagem ancestral no ritual da convivência. Estamos na mesma situação!

Sabeis, pois sois como nós. Sois também esse poço de único sangue, lágrima do mesmo sal, cuspe do mesmo veneno, mesa da mesma árvore. E tendes ciência, portanto, que não se passa imune dessas quatro paredes que nos circundam.

Findamos aqui, certos de vossas compreensões.

II. "...que não importa esses outros que estão aplaudindo e sim a nossa ligação"

Joaquim está sonâmbulo e fala com a plateia.

Joaquim: Boa noite. Obrigado por terem vindo. Desculpem começar assim, cortando o sonho de vocês, mas para que tanto suspense? Todas as histórias do mundo já foram contadas. Essa é só mais uma história de uma família comum, que toma café, em que um briga com o outro, em que um adoece, enfim: com nossos problemas cotidianos. No começo, este telefone vai tocar, porque meu irmão, que mora longe, está com muitas saudades de nós. Depois nós vamos ficar aqui, convivendo com nossos hábitos particulares; até que no final o telefone vai tocar novamente, nós vamos atender e receber a notícia de que meu irmão se suicidou. A nossa história é essa.

Vocês são grandes, eu sou grande, ninguém aqui é Pequeno... todo mundo aqui sabe onde está. Todos sabem que amanhã eu vou repetir as mesmas coisas que eu estou falando agora. Todos sabem que amanhã eu vou entrar nesse lugar e dizer:

Boa noite. Obrigado por terem vindo, mas todas as histórias do mundo já foram contadas... Essa é só mais uma história de uma família, assim como a de vocês. No começo, o telefone vai tocar, porque meu irmão está com muitas saudades de nós, depois nós faremos algumas coisinhas comuns do dia a dia de uma família, até que no final o telefone vai tocar novamente, nós vamos atender e receber a notícia de que meu irmão se suicidou. A nossa história é essa.

É isso: todas as histórias do mundo já foram contadas... Vocês sabem: em alguma hora, um celular vai tocar aí (*apontando o espaço da plateia*), algumas pessoas vão pensar: "Nossa, que falta de educação deixar o telefone ligado aqui!" Aí o dono ou vai desligar seu telefone para ser fiel à educação que sua família lhe deu, ou vai, sem culpa, atender, falando baixo: "Oi, tô em outra realidade! Depois te ligo!" Alguns de nós vão pensar: "Será que desliguei meu telefone?" E nós vamos continuar nossa história, nossos dias comuns... Para alguns esta história vai se passar rápido, para outros ela pode demorar, sua vida inteira.

No final, haverá aplausos. Minha família vai abrir as portas desse lugar, para que vocês possam continuar suas vidas, continuar regando suas plantas, continuar criando seus animais de estimação...

Corre os olhos pela plateia.

Joaquim: Meus avós disseram que viriam hoje aqui...

Tenho certeza que ao final, durante os aplausos, eles vão se levantar, fixar o olhar em mim, olhar para minhas roupas para ver se estou bem, fazendo questão de mostrar que estão aqui, presentes, que fazem parte de mim, que não importam esses outros que estão aplaudindo e sim a "nossa ligação", que me querem bem apesar de qualquer coisa, apesar de qualquer porta que não tenham aberto para mim.

Nós vamos colocar uma música para que vocês saiam daqui com uma sensação agradável. Nós aqui temos o hábito de colocar uma música para suportar a rotina, preencher o silêncio com competência e ajudar a expressar nossos sentimentos. Com música tudo é mais fácil.

***

Mãe, Samuel e Pequeno observam Joaquim, o filho mais velho que sempre acorda de manhã pensando se fez ou disse algo errado pela noite. Joaquim não é um homem medroso. Só está um pouco apático, um pouco sem rumo na vida: Joaquim e sua vida de águas paradas. Sempre ajuda Mãe a retirar as louças da mesa, mas pensa que seu pai poderia fazer isso também, que seu pai é um homem ausente. E, também, sempre quando briga com a Mãe, espia ao lado para ver se ele está por ali, para defendê-lo.

***

Joaquim: É assim. Todas as histórias do mundo já

foram contadas. Não há mais nada para inventar, a ilusão está menos inocente...

Pequeno: Joaquim...

Mãe e Samuel: Chhhh!

Samuel: (*sussura*) Fala baixo!

Pequeno: ?

Mãe: (*sussura*) Ele tá dormindo.

Pequeno: O quê?

Samuel: O Joaquim é sonâmbulo!

Pequeno: Aonde?

Mãe: O seu irmão é so-nâm-bu-lo. Ele faz as coisas enquanto dorme.

Pequeno: Que coisas?

Mãe: Vai até a cozinha... bebe água... às vezes vê TV... mexe nas gavetas... lava as mãos... escova os dentes... responde se perguntamos algo...

Pequeno: Dormindo?

Mãe: Sim. E não pode acordá-lo quando ele está assim.

Pequeno: Por quê?

Samuel: Porque faz mal pra ele, Pequeno.

Pequeno: Assusta?

Mãe: Assusta. Tem que ficar olhando pra não deixar ele fazer nenhuma coisa perigosa, tudo bem?

Joaquim vai até a plateia.

Mãe: Porque quando se está sonâmbulo, a pessoa faz as coisas sem... consciência. Sem pensar.

Pequeno: ?

Joaquim põe a mão no pinto. Mãe não vê.

Samuel: É que a pessoa faz o que tem vontade, entende? O que a alma dela pede, ela faz.

Pequeno: De onde?

Mãe: O que a alma pede. Sem se preocupar se é certo ou se não é certo. É só o que ele deseja e pronto. Ele faz as coisas sem responsabilidade.

Pequeno: (*concluindo*) O que ele quer...

Mãe: É, o que ele deseja.

Pequeno: Então ele ali tá dormindo?

Mãe: É...

Pequeno ri do que Joaquim faz. É uma criança.

Mãe e Samuel: (*chamam a atenção*) Pequeno!

Mãe aproxima-se de Joaquim. É preciso cuidar dos sonâmbulos.

Mãe: Joaquim, vamos voltar para a cama, meu filho? Vamos?

Pequeno: Que bonito é ser "sonântulo"!

Samuel: Você acha bonito?

Pequeno: Que bonito é ser "sonântulo"!

Mãe: Chhhh! Fala baixinho!

***

Graziele entra, percebeu a movimentação diferente na casa. Usa um headphone. Adolescente, deve estar acompanhando seu corpo se despregar da infância, enquanto aproveita para fugir com a música, como quem foge com o circo. Graziele está na fase em que imagina a vida como um clipe de música.

***

Graziele: (*para a família*) O que tá acontecendo, hein?

Todos: Chhhh!

Samuel: Fala baixo!

Pequeno: (*para a irmã*) Ele tá dormindo!

Graziele: (*com o headphone não se ouve direito*) "Chorando"?

Pequeno: O Joaquim é "sonântulo".

Graziele: Aonde?

Pequeno: (*crianças repetem o que ouvem com propriedade*) O seu irmão é so-nân-tu-lo. Ele faz as coisas enquanto dorme.

Graziele: Que coisa?

Joaquim sussurra algo no ouvido da mãe.

Samuel: (*balbucia*) Grazi, ele tá sonâmbulo de novo.

Pequeno: (*protetor*) Tá tudo bem aí, mãe?

Mãe escuta Joaquim.

Pequeno: O que ele tá falando?

Mãe: (*amorosamente baixinho*) Nada, não...

Pequeno: *(refere-se à plateia)* E aquilo tudo que ele

tava dizendo pra eles?

Mãe: (*enquanto escuta Joaquim*) Bobagens! Ele não tá nessa realidade... Tá em outra realidade... Tá falando bobagens... Está dizendo: "Não esqueçam de desligar os celulares. E, mais uma vez, desculpem ter cortado o sonho de vocês, mas vocês não me enganam... todo mundo aqui sabe onde está..."

O telefone da casa toca. Samuel corre para atendê-lo.

Samuel: Alô.

Mãe: (*brava, para Samuel*) Se forem eles, diz que eu quero "lhes" conjugar umas palavras.

Samuel: (*difícil de escutar*) Alô!

Mãe: (*para Graziele, sobre Joaquim*) Vai, leva ele pra cama...

Samuel: Alô!

Graziele obedece.

Mãe: (*para Graziele*) ...e não esquece de apagar a luz antes de fechar a porta.

III) "Nós estamos bem!"

Samuel: (*ainda ao telefone*) Alô!... Quem?

Mãe toma o telefone de Samuel.

Mãe: Alô!

Silêncio.

Mãe: (*grita*) Júnior? Eu tô te ouvindo baixo, fala mais alto!

Samuel: É Júnior?

Mãe: Você tá me ouvindo? Tá me escutando?

Samuel: É ele?

Mãe: Júnior!

Pequeno: É ele.

Mãe: (*ligação distante*) Eu tô te ouvindo baixo, fala mais alto!

Graziele: (*chegando*) Quem é?

Mãe: Recebemos, recebemos sim!... (*sobre Graziele*) Ela recebeu, não tira ele do ouvido!... Que horas são aí?

Graziele: *(para alguém)* É o Júnior?

Mãe: Não! Tô dizendo: que ho-ras são aí?

Pequeno: (*para Samuel*) Lá não é a mesma hora que aqui não?

Samuel: Não... lá é outra hora.

Pequeno: (*para Samuel*) Como assim?

Samuel: É por causa da distância. Como ele tá muito distante, a hora é diferente.

Mãe: Como? O quê? Aqui? Aqui tá calor. Eles tão prevendo chuva, mas ainda tá calor... Frio demais?... Nossa! (*para os outros*) Diz que lá tá frio, frio...

Graziele: Fala que eu recebi o headphone!

Samuel: (*para Pequeno*) Eles estão sempre seis horas a mais que a gente aqui.

Mãe: Ah? Como? Não... repete!

Graziele: (*para Mãe*) Fala que eu recebi o headphone!

Samuel: (*para Pequeno*) Entendeu?

Pequeno não entendeu.

Samuel: Eles estão sempre seis horas a mais que nós.

Pequeno: É por isso que eles são mais desenvolvidos?

Mãe: *(ao telefone)* O quê? Pequi? (*para os outros*) Tá querendo saber se aqui tá na época de pequi.

Samuel: Tá sim!

Mãe: Tá na época. (*para os outros*) Tá morrendo de desejo de comer (*para Júnior*) ...mas até chegar aí, já passou sua vontade, meu filho...

Samuel: (*para Mãe*) Ele quer que mande pequis? Eu posso mandar...

Graziele: (*para Samuel*) Samuel, ele sabe que eu recebi?

Mãe: ...e tá dando daqueles enormes, daqueles gordos, sabe? Tá... a gente te manda um pacote de pequi... tomara que chegue aí direitinho... mas acho que chega, não chega?

Samuel: Se chegou seu headphone, chega o pequi também...

Mãe: (*para os outros*) Ô gente, por favor! Tá difícil de ouvir! (*ao telefone*) Repete, Júnior! Se o Pequeno já está usando sapatos? Não, ainda não, do mesmo jeito... ainda está curtindo seus pés descalços. Samuel? Tá aqui... está se aprontando para sair... seu pai? Está bem, sim! Fazendo suas caminhadas todos os dias. Acho que sim... vou chamar ele para você. (*para Pequeno*) Vá lá dentro chamar seu pai, vai!

Passa o telefone para Samuel.

Samuel: (*ao telefone*) Júnior! Não, é Samuel... jura? Mas eles estão te respeitando aí? Não deixe que eles te maltratem, hein, não deixa eles te esnobarem por causa disso.

Graziele: (*para si*) Nuh! Essa música é muito boa...

Samuel: (*não entende o que o irmão diz*) Como?

Graziele: (*cantando a música que ouve*) "Onde..."

Samuel: É...

Graziele: "Não..."

Samuel: (*num reflexo*) Não... Quer dizer, sim! Claro que sim. Não, nada... é seu sotaque... (*Júnior já está perdendo o sentido das palavras do seu país*) SO-TA-QUE, jeito de falar...

Graziele: "Ele tá nervoso, ele tá inquieto..."

Samuel: Pai? Tá bem, sim... faz suas caminhadas todos os dias... Você sabe que hoje é meu primeiro dia? É! Obrigado! É... você sabe, eu acho que você me entende, né... tudo muito novo...

Mãe: Não fica reclamando da sua vida pro seu irmão, Samuel, ora... já está na sua hora de ir. Anda, vai...

Toma o telefone para si. Pequeno cai no chão, tem uma crise asmática.

Mãe: (*ao telefone*) Júnior, nós estamos bem! Nós estamos bem! Nós estamos bem!

A ligação cai.

Graziele: (*para Mãe*) Caiu?

Mãe: Ele liga de novo.

Vê Pequeno no chão.

Mãe: O que foi? Ele tá chiando? Ah, meu Deus, Pequeno! Me deixa ver... vem, Pê... respira direito pra eu ver. Você quer água? (*para os filhos*) Vão logo buscar a bombinha no quarto dele.

Eles obedecem.

Mãe: O que você tá sentindo, Pequeno?

Ele chia.

Mãe: Senta aqui.

Ele chia.

Mãe: Respira... não para de respirar, meu filho. Isso vai passar... é culpa deste tempo. Respira.... ô meu amor, puxa o ar com calma, com calma... isso. Não prende e solta devagar... isso...

Ele chia.

Mãe: Não se preocupa, eu tô aqui. Respira!

Silêncio.

Mãe: Eu tô aqui, viu...

Ele respira um pouco melhor.

Mãe: Aposto que não tomou o remédio hoje, meu anjo.

Silêncio.

Mãe: Coloca sua cabeça aqui. Está quente? Me deixa te esquentar... assim. Está respirando melhor? Está se sentindo mais aliviado?

Pequeno respira mais aliviado.

Pequeno: ...

Mãe: ...

Joaquim entra com um pé de sapato calçado.

Pequeno: (*baixinho*) Mãe, ele tá acordado?

Mãe: (*cuidadosa*) Joaquim!

Joaquim: (*bem diferente de quando sonâmbulo*) O que foi?

Mãe: Está.

Joaquim: Alguém viu meu sapato?

Mãe: (*para dentro da casa*) Júnior ligou.

Joaquim: Semana que vem eu falo com ele.

Joaquim sai.

Pequeno: (*para Mãe*) Por que quando Joaquim está dormindo a senhora trata ele com carinho?

Mãe: Eu tenho que colocar você na natação.

Pequeno: Eu não quero natação.

Mãe: Mas faz bem aos brônquios, para você melhorar esses seus pulmões doentes. Você não pode crescer com essa doença. Nós aqui em casa cuidamos de você, mas lá fora, não... lá fora ninguém vai sair correndo para ir pegar seu respirador, pra te acudir, não. Lá fora ninguém vai te ajudar... (*pequena chantagem*)

A menina dos escandalosos daqui de cima também faz natação, pode ser que ela seja sua colega...

Pequeno: É? Ela também anda descalça?

Mãe acha graça.

Pequeno: Mãe...

Mãe: Fala...

Pequeno: Sabe naquele "quando" que eu botei gesso no braço?

Mãe: Claro.

Pequeno: É que...

Mãe: ...

Pequeno: Nada não...

Samuel e Graziele retornam.

Samuel: (*com o brinquedo de montar que Pequeno mais gosta*) Não encontrei o respirador, mas eu trouxe o castelinho dele.

Mãe: Samuel, já é tarde. Eu não vou repetir! Hoje é seu primeiro dia e você já fica fazendo hora, por que não vai logo?

Samuel: Eu já estou indo.

Mãe cuida de Pequeno.

Samuel: Mãe...

Graziele: (*canta a música que ouve*) "Mother..."

Mãe: Oi...

Graziele: "Hei..."

Samuel: Eu queria conversar com a senhora agora.

Mãe: Fala.

Graziele: "Diz..."

Samuel: Mas acho que agora não dá, né... é melhor eu ir porque tá ficando tarde.

Joaquim: (*de dentro da casa*) Mãe, o café!

Mãe: (*percebe que Samuel está com medo*) Você é forte. Você é forte, Samuel.

Ela lhe dá um beijo e sai.

Graziele: "Ela dá um beijo e vai embora..."

Samuel fica inerte. É um membro da família sem talento para lidar com as situações da vida. Tem dificuldades de portar-se diante do "outro", e, assim, "expressar-se", para ele, não é fácil. Para ele, que nasceu com dez meses de gravidez e com o auxílio de um fórceps, foi difícil sair do ventre.

Graziele: (*que continua repetindo a canção*) "O homem parado pensa em si/ Pensa em si/ Pensa em si/ Quer pisar no mundo/ Ser outro, no fundo/ Mas não sai de si/ Não sai de si."

IV) "Não estás me ouvindo?"

Ouve-se uma música na casa. Pequeno constrói um piano com seu brinquedo de montar. Brinca de tocar o que ouve. Até que a música para e Pequeno se aborrece.

Graziele: (*canta a música que ouve*) "O tempo vai passando, passando./ A história vai nos empurrando/ O caçula construindo seu navio/ Que para os grandes já não passa de papel..."

Pequeno: Foi você que desligou?

Graziele: "...passando, passando..."

Pequeno: Foi você que desligou?

Graziele: "...e nem percebo o animal gigante entre nós..."

Pequeno: (*balbucia*) Psiu! Foi você que desligou?

Graziele: O quê?

Pequeno: A música!

Graziele: Escuta, não tá na hora da sua bombinha?

Ele desfaz o piano.

Graziele: Sonhou com alguma coisa hoje, Pê?

Pequeno: (*construindo outra coisa*) Sonhei que eu tava molhado e aí a mãe foi lá e me colocou para secar num escorredor de secar prato.

Graziele: E você coube?

Pequeno: Cube. Por quê?

Graziele: Não fala que eu te contei, mas a mãe falou que vai te botar na aula de natação.

Pequeno: Eu não quero natação.

Graziele: Mas faz bem aos brônquios, pra você melhorar sua respiração. Nós aqui em casa cuidamos de você, mas lá fora ninguém vai sair correndo pra buscar teu respirador e te acudir igual doido, não, viu. Você é que vai ter que se virar!

Pequeno: Eu sei. Olha o trem!

Graziele: Isso é um trem? Isso é uma trentativa, isso sim.

Pequeno: O que é "temtrativa"?

Graziele: (*sobre o que ouve*) Ai, é essa! Nuh, esperar a música que a gente quer é igual esperar trem...

Ele constrói outro brinquedo.

Graziele: E isso, o que é?

Pequeno: É eu.

Graziele: Você? (*pega uma peça do brinquedo*) E isso aqui é o quê?

Pequeno: É meu pulmão.

Graziele: Como assim, seu pulmão? Desse tamanhinho?

Pequeno: É que meu pulmão é muito pequeno.

Graziele: É?

Pequeno: Não é o pulmão que faz a gente respirar?

Graziele: Os pulmões.

Pequeno: Então, eu não respiro direito porque meu pulmão é muito pequeno.

Graziele: Que ideia que é essa! Você e suas histórias de pulmão! Anda, faz o piano de novo que tava bonito.

Pequeno: Mas a música acabou!

Graziele: Mas pode fazer que ela vai voltar.

Pequeno: Como você sabe?

Graziele: Porque sim... Esse é o nosso hábito, não é? Anda, faz logo! Senão a música vai começar e o teu piano não vai estar feito!

Pequeno: Então tá.

A família entra. Ele constrói um piano de novo, apressadamente. Espalha as teclas por toda a extensão do palco.

Graziele: Mas desse tamanhão?

Pequeno: É piano de cauda.

Surgem Joaquim, Samuel e Mãe.

Mãe: (*repara na solenidade de Pequeno*) O que é? O que foi? Ah! São teclas de piano!

Ouve-se uma música. Pequeno toca seu piano.

Joaquim: (*para Samuel*) Não está na sua hora?

Samuel: Sim, eu estou indo. (*para Mãe*) A senhora quer que eu traga os pequis?

Mãe: Quero sim, Samuel! Você pode trazer?

Samuel: Posso. Bença, mãe.

Mãe: Deus te abençoe, meu filho.

Samuel: Tchau, Joaquim.

Joaquim: Tchau, Samuel.

Samuel: Tchau, Grazi.

Graziele: Ah, Samuel, já que você vai na rua, você podia aproveitar pra comprar os pequis, não?

Samuel: Tchau, Pê.

Joaquim: (*preocupado*) Vai, Samuel, não faz hora!

Samuel sai para seu primeiro dia.

Mãe: O síndico me ligou pra avisar que agora eles resolveram autorizar a criação de cachorro nos apartamentos.

Joaquim: O síndico? Você aproveitou e reclamou do barulho dos vizinhos?

Mãe: É claro, eu não tenho medo, não é! Reclamei e ele disse que já mandou cinco cartas para o apartamento deles.

Pequeno: Eu amo a vizinha.

Joaquim: Então agora quem quiser pode criar cachorro dentro do seu apartamento? Nós bem que podíamos criar um...

Pequeno: Eu não posso...

Mãe: O Pequeno não respira direito, tem problema. Com pelo de cachorro por perto então...

Joaquim: Respira aí pra eu ver, Pequeno. *(Pequeno não respira)* Respira aí... já te disse o que você tem que fazer pra melhorar isso: tapa o nariz assim, conta de um até cinco, aí destapa e solta o ar. Depois volta e conta de um até seis... vai aumentando, aumentando de pouquinho em pouquinho.

Graziele: Diz que agora eles autorizaram a criação de cachorro nos apartamentos...

Joaquim: Se você fizer isso, com o tempo, Pequeno, você vai aumentar sua capacidade de respiração.

Mãe: (*para Pequeno*) Não é nada disso não. Seu problema é uma questão de remédio e de você se cuidar, viu. Não se preocupa com isso não, isso passa, é questão de tempo.

Graziele: Não sei por que a gente não tem um cachorrinho...

Pequeno: Eu não posso!

Graziele: Mãe, é verdade que eu ia me chamar Andressa? Papai falou que eu ia me chamar Andressa, porque era o nome de uma enfermeira que vocês conheciam, uma coisa assim...

Ouve-se uma discussão dos vizinhos.

Joaquim: Ó! Tão ouvindo?

Mãe: Não adianta reclamar, tá vendo?

Joaquim: Que raio de dia esses vizinhos vão parar de brigar, pelo amor de Deus? O que adianta? Esses aí são todos formados na faculdade, mas falam alto, sem educação nenhuma!

Graziele: O que é? Eles já tão brigando?

Joaquim: Daqui a pouco eles vão colocar aquele exagero de música. Só pra gente não ouvir a discussão deles!

Graziele: Sabe por que não dá pra entender nada daquela carta deles? É porque diz que eles são muito eruditos. Diz que são uma família de acadêmicos, são todos formados na faculdade, na casa tem estante de livro até na co-zi-nha e todos eles falam em segunda pessoa!

Mãe: Da próxima vez que eles vierem com cartinhas, eles vão ver. Eles estão achando que isso resolve alguma coisa. Olha que horror! Meu Deus, ele vai matar a mulher!

Pequeno: Hoje de manhã a menina parecia muito nervosa e gritou assim: "Não estás me ouvindo? Não estás me ouvindo? Por que ninguém me escuta nesse recinto?"

Joaquim: Pequeno, isso aí é sujeira de quê, em você?

Graziele: Mãe, a senhora chegou a reclamar com o síndico, não?

Mãe: (*para Pequeno*) Não, não é não, você acabou de trocar de blusa!

Graziele: Chegou, mãe?

Joaquim: Vamos, Pequeno, trocar sua roupa.

Mãe: (*para Pequeno*) Estou dizendo que não é para trocar, você acabou de fazer isso...

Graziele: Mãe...

Mãe: Não é para tirar não, Pequeno, sua roupa não está suja.

Graziele: Mãe...

Joaquim: (*irônico*) Tudo bem, a roupa dele não está suja.

Mãe: (*para Pequeno*) Tem gente que fala, fala, fala e não faz nada. Por que quando a roupa dele está suja você mesmo não troca?

Mãe e Joaquim discutem, aos berros.

Pequeno: (*as crianças repetem o que ouvem*) "Não

estás me ouvindo? Não estás me ouvindo? Por que ninguém me escuta nesse recinto?"

Samuel toca a campainha da casa.

Pequeno: Grazi, a porta!

Graziele: (*abrindo a porta*) Samuel?

Samuel: Esqueci.

Pequeno: Esqueceu o quê?

Samuel: Esqueci meu lenço.

Nada acontece.

Mãe: E não vai buscar?

Ele entra para pegar seu lenço. E novamente prepara-se para sair.

Samuel: Bença, mãe?

Mãe: Deus te abençoe, Samuel.

Samuel: Tchau, Grazi, tchau, Joaquim, tchau, Pequeno.

Pequeno: Tchau.

Samuel parte.

V) "Do mesmo jeito que o pó nas frestas do chão, que não se retira"

Pequeno: Graziele...

Graziele: ...

Pequeno: Graziele!

Graziele: O que foi?

Pequeno: Sabe naquele "quando" eu quebrei meu braço?

Graziele: Acho que lembro, sim. Por quê?

Pequeno: É... Nada não.

Graziele: (*para Pequeno*) Por que você tem essa mania? Essa mania de perguntar e depois dizer: "Nada não."

Pequeno: Desculpa.

Graziele: (*para a plateia*) Me deu vontade de conversar com vocês. Vamos conversar?

Pequeno: Ai, meu Deus!

Graziele: (*para a plateia*) Meu nome é Graziele e eu tô sonâmbula. É isso mesmo, eu tô sonâmbula. O negócio é o seguinte: em alguma hora alguém vai tocar a campainha dessa casa. Eu vou atender e vai ser o entregador de pizza que errou de apartamento.

O telefone toca.

Graziele: ...ele vai olhar pra mim, vai se apaixonar e então vai propor pra gente fugir. A gente vai preferir não casar, mas a gente vai ser feliz.

O telefone toca.

Pequeno: Grazi, o telefone!

Graziele: (*atendendo*) Alô! Júnior?

Pequeno: De novo?

Graziele: (*ao telefone*) Que bom falar com você! Tudo... recebi o headphone, não tiro ele do ouv... obrigada viu, o som dele é ótimo, aqui a gente não acha desse para comprar não! É? E é verdade que aí neva? Neva? Cai bloco de gelo do céu? Deve ser bonito, né... hã, como? Ai, Júnior, que saudade, me diz se você tá bem! ...o quê? Se seu quarto está do mesmo jeito? Sim! Está... suas coisas estão do mesmo jeito. Por que está com essa voz? Como? Voltar? Você não pode fazer isso, Júnior, por que "voltar"? ... o quê? Você tá sentindo frio? Alô!

Pequeno: O que ele tá dizendo?

Graziele: (*enquanto ouve Júnior, narra baixo a Pequeno*) Ele tá estranho... ele tá dizendo que quer voltar (*escuta*) ...que a nossa família está por entre seus cantos, do mesmo jeito que pó nas frestas do chão que não se retira. (*escuta*) Tá pedindo pra te falar pra aproveitar enquanto pode andar descalço, como quem pisa na areia.

A ligação cai. Graziele volta a escutar seu headphone. O tempo passa. E com ele os dias comuns.

Graziele: "O tempo vai passando, passando, passando, passando..."

VI) "Paaaai!"

Joaquim está com os sapatos de Pequeno nas mãos.

Pequeno: Joaquim!

Joaquim: Oi.

Pequeno: Você está acordado?

Joaquim: Como assim, Pequeno?

Pequeno: Porque você faz as coisas dormindo, não faz? Você é "sonântulo", não é? Vai até a cozinha... bebe água... às vezes vê TV...

Joaquim: "Sonâmbulo", se diz.

Pequeno: ...

Joaquim: É. Mãe te contou?

Pequeno: Sim.

Joaquim: É claro que ela te contou. Não deveria. Aposto que vai ficar com medo de mim.

Pequeno: Não, eu não estou com medo não.

Joaquim: Vem! Vamos calçar seus sapatos.

Pequeno: Mas eu gosto de andar descalço!

Joaquim: Mas uma hora você vai ter que aprender como usar isso, Pequeno.

Pequeno: Por que eu tenho que aprender?

Joaquim: Porque esse é o nosso hábito, ora. Você tem que aprender.

Ele calça os sapatos em Pequeno.

Pequeno: Joaquim!

Joaquim: Oi.

Pequeno: Nada não. Quando você tiver dormindo, eu converso com você.

Joaquim: É sobre seus óculos?

Pequeno: Não.

Joaquim: Sobre o quê, então?

Pequeno: Nada não.

Joaquim: Eu sei o que é.

Pequeno: O que é?

Joaquim: Está apaixonado pela vizinha.

Pequeno: Qual?

Joaquim: Da família erudita que grita. A mais nova.

Pequeno: Eu?

Joaquim: Você fala muito dela.

O telefone toca.

Pequeno: É...

O telefone toca.

Joaquim: Viu como eu reparei.

Ele atende o telefone. Pequeno vê uma marca de lama na roupa de Joaquim. Começa a chiar.

Joaquim: Alô, Júnior? Como vai? Que bom que consegui falar com você. O quê? Seus patins? Acho que sim, acho que ainda estão aqui, sim... é verdade, era bom, sim... mas por que está com essa voz? Júnior! Você está chorando? Calma, o que você tem? O que foi? Aconteceu alguma coisa? Aconteceu? Júnior!

A ligação cai. Pequeno cai no chão, numa crise de asma.

Joaquim: O que foi, Pequeno? Onde está sua bombinha?

Mãe: O que foi? (*para Joaquim*) O que você fez com ele? Aposto que obrigou o menino a calçar os sapatos. Você acha que pode falar de qualquer jeito com ele. Homem pouco! É por isso que está assim!

Joaquim: Cala essa boca! Você nem viu o que aconteceu.

Mãe: Ai, meu Deus, Pequeno, você tá chiando!

Graziele: Onde está sua bombinha?

Joaquim: Eu sei onde está...

Mãe: Vá logo pegar o respirador do menino.

Joaquim obedece.

Graziele: Respira, Pê!

Mãe: Aposto que não está tomando os remédios na hora certa.

Graziele: Respira, Pê! Você também tem que ajudar! Respira!

Samuel toca a campainha. Joaquim retorna de dentro da casa. Sua roupa está com manchas de lama.

Joaquim: Não encontrei.

Graziele: Eu acho que sei onde está.

Graziele vai buscar.

Pequeno: Eu não estou conseguindo respirar!

Joaquim: Respira, Pequeno! Respira!

Mãe: Será que nós devemos ligar pro médico?

Pequeno: (*sem conseguir falar*) Eu não quero médico!

Mãe: Cala a boca!

Joaquim: Não tá conseguindo respirar e ainda fica falando! Cala a boca!

Graziele retorna, com sua roupa com várias marcas de lama.

Graziele: Não está lá!

Mãe: Como não?

Graziele: Não está lá, estou dizendo.

Mãe: Não é possível!

Mãe vai buscar.

Graziele: A mãe fica brava comigo, mas eu não tenho culpa, uai.

Joaquim: (*para Pequeno*) Você não lembra onde pode estar a bombinha, não lembra?

Graziele: Calma Pê, isso passa logo, é só ter paciência!

Joaquim: Desse jeito isso não vai passar tão rápido, não.

Graziele: Para, Joaquim!

Joaquim: (*para Pequeno*) Respira, Pequeno, respira!

Samuel toca a campainha. Mãe retorna completamente suja de lama.

Mãe: Eu não consegui entrar lá. Lá tá muito bagunçado! Está tudo sujo!

Todos assustados. Joaquim ameaça entrar dentro da casa.

Mãe: NÃO! Não vá aí.

Graziele: O que é isso?

Mãe: Eu não sei. Há algo estranho lá.

Joaquim: Eu quero ver o que é!

A campainha toca.

Graziele: Eu vou até lá também!

Pequeno: Não vá!

Mãe: Você não fale nada, senão piora seu chiado.

Pequeno: Não vá, Graziele, não vá.

Joaquim: Não ouviu nossa mãe, Pequeno, você não está bem, ora!

Graziele: Deve ser o vazamento da torneira!

Graziele decide entrar.

Mãe: Mas de onde vem tanta sujeira, Joaquim?

A campainha.

Joaquim: Eu acho melhor a gente tirar o Pequeno daqui!

Mãe: Meu Deus!

A campainha.

Pequeno: (*numa reação repentina*) POR FAVOR, NÃO PRECISA ME TIRAR DAQUI!

Mãe: Calma, Pequeno, calma!

Pequeno: Me deixa...

Mãe: Calma, Pequeno, calma!

Pequeno: Tem um hipopótamo dentro dessa casa!

Samuel: Gente! Abre a porta pra mim!

Joaquim: Você quer água, Pequeno?

...

Graziele: Vai, Joaquim, pegar água...

...

Pequeno: Antes, eu colocava ele na minha piscininha.

Uma família coberta de lama.

Pequeno: Mas aí ele cresceu e eu acabei colocando ele no quarto do Júnior.

Mãe: No quarto do Júnior?

Graziele: Pequeno...

...

Graziele: Há quanto tempo isso?

Pequeno: ...

Joaquim: (*nervoso*) Ela perguntou há quanto tempo!

Graziele: Calma, Joaquim!

Pequeno: Não sei, há muito tempo.

A campainha.

Mãe: Como assim “há muito tempo”?

Joaquim: Quanto tempo, Pequeno?

Pequeno: É...

Joaquim: Quanto tempo, Pequeno?

Pequeno: Sabe aquele “quando” que tirei o gesso do braço, lembra?

Joaquim: Mas isso tem muito tempo.

Graziele: Mas por que não disse antes? Por que não disse pra mim, Pequeno?

Pequeno: Eu tentei contar... eu tentei...

...

Pequeno: Foi um domingo que eu resolvi ir até um zoológico. Eu vi, foi na TV, que os hipopótamos têm pulmões enormes, e aí pensei que.... que podia aprender a respirar com eles. Aí eu pensei que, talvez, se conseguisse pegar um hipopótamo pequeno pra mim, eu ia aprender com ele a respirar direito. Ele tem pulmões enormes!

Graziele: Pulmões?

...

Pequeno: No começo, ele até ficou muito doente, aí eu vi no programa que os hipopótamos gostam de pântanos e águas paradas, eu fiquei preocupado, achei que ele não ia se adaptar ao nosso habitat, que ele ia morrer, mas depois ele se adaptou muito bem ficando lá no quarto do Júnior...

Joaquim: Muito bem?

Pequeno: Sim!

A família não acredita.

Pequeno: É verdade! Ele até assiste televisão com a gente todos os dias.

...

Joaquim: "Não se fica imune dessas quatro paredes que nos circundam."

Mãe: Eu vou até lá.

Pequeno: Não, não vai! Ele pode estar nervoso!

...

Pequeno: Ele nunca fez tanta bagunça.

Graziele: Um hipopótamo!

Pequeno: No começo ele era pequeno. Quando eu trouxe, ele era um filhote!

A campainha.

Graziele: Qual é o peso dele?

Pequeno: O peso?

Joaquim: É, O PESO, ORA!

Pequeno: Eu não sei! Eu sei que é muito.

Mãe: Como não sabe?

Joaquim: Isso deve pesar tonelada! Um bicho desse tamanho!

Mãe: Isso não pode ser verdade.

Joaquim: A senhora não está vendo essa sujeira?

Mãe: E você, não viu um "hipopótamo" no quarto do seu irmão?

Joaquim: Eu não vi. E também nosso pai não viu. Graziele não viu. A senhora não viu.

Graziele entra em casa, parece aproximar-se do bicho. Todos, aflitos, a espiam com os olhos.

Mãe: Que ventre, que ventre!

Graziele: É uma estrutura tão complexa e muda... ele é tão complexo e estático.

Todos: ...

Graziele: Ele é muito nervoso. Ele é um bicho perigoso.

Joaquim: Pai!

Mãe: Pelo amor de Deus, seu pai não pode saber de uma coisa dessas.

Joaquim: Pai!

Graziele: Eu também acho que papai não pode saber.

Joaquim: Mas ele precisa saber!

Mãe: Ele vai ter um ataque, Joaquim!

A campainha.

Graziele: Um ataque!

Joaquim: PAAAAAAAAAAAAI!

Pequeno cai no chão e tem um ataque de choro. Um choro compulsivo.

Mãe: Pequeno, meu filho!

Graziele: Pequeno!

Joaquim: Pequeno!

Pequeno: Ele engoliu o papai!

Joaquim: O que disse?

Pequeno: Ele engoliu o pai!

Graziele: Quem?

Pequeno: O hipopótamo!

Joaquim: CHEGA, PEQUENO! CHEGA! CHEGA!

Mãe: Há quanto tempo isso aconteceu?

Pequeno: Logo quando William chegou.

Graziele: William? Quem é William?

Pequeno: O hipopótamo.

Mãe: Mas há quanto tempo, precisamente?

Pequeno: Mais ou menos cinco anos.

Silêncio. Mãe bate em Pequeno.

Samuel: (*tocando a campainha*) Paaaaaaai!

...

Joaquim vai abrir a porta.

Mãe: Não abre agora, Joaquim, eu preciso de um minuto pra me organizar. Samuel, só um pouco, nós vamos abrir essa porta pra você entrar. Nós vamos abrir essa porta!

Joaquim: Eu tenho uma arma.

Graziele: (*que não sabia disso*) Você tem uma arma?

Joaquim: Nós temos que matar esse bicho.

Pequeno cai em prantos.

Joaquim: E você pare com isso.

Pequeno: EU AMO WILLIAM! EU AMO WILLIAM! EU AMO WILLIAM!

Graziele: Pode ser perigoso. Ele é um bicho perigoso, você pode não conseguir, ele pode querer engolir você também.

Pequeno está em prantos.

Joaquim: Alguém precisa matá-lo e isso tem que ser rápido.

Mãe: NÃO.

Graziele: Ele vai destruir esse prédio!

Samuel: PAAAI!

Graziele: Estamos também na mesma situação!

Joaquim: SE NÃO MATARMOS, ELE VAI ENGOLIR MAIS UM DE NÓS!

Graziele: NOSSO PAI ERA UM HOMEM HONESTO!

Joaquim: EU MATO!

Joaquim corre para matá-lo, num impulso. Mãe sente que, talvez, nos últimos anos de sua vida, ela e sua família vinham agindo apenas porque em pouco tempo sentiriam fome; viveram porque sim. Só isso.

Mãe: (*digna, surpreendentemente forte*) NINGUÉM VAI MATÁ-LO.

...

Mãe: NINGUÉM VAI MATÁ-LO. ESSA É A NOSSA REALIDADE. TEM COISAS QUE NÃO SE MATA! TEM COI-

SAS QUE FORAM FEITAS PARA SE VIVER COM ELAS. ESSA É NOSSA REALIDADE. NÃO SE ARRANCA A COLUNA POR CAUSA DA DOR NAS COSTAS. O GRANDE BICHO VAI CONTINUAR AQUI, NESSA CASA, DENTRO DE NÓS. DENTRO DE NÓS. NINGUÉM VAI MATÁ-LO. TEM COISAS QUE FORAM FEITAS PARA SE VIVER COM ELAS. TEM COISAS QUE FORAM FEITAS PARA SE VIVER COM ELAS. TEM COISAS QUE FORAM FEITAS PARA SE VIVER COM ELAS. TEM COISAS QUE FORAM FEITAS PARA SE VIVER COM ELAS!

VII) "...e isso é muito importante"

***

A família é o que está nos cantos, nas nossas fissuras, como o pó que acumula na esquina do chão, tão difícil de retirar. Ela está entre os dedos, as axilas, entre as pernas, no canto do olho, debaixo da língua, entre os dentes. É um pires. Porque é para o pires, não é? É para o pires que a xícara sempre retorna, em repouso.

***

O telefone toca. Pequeno se volta para a plateia.

> **Pequeno**: Vocês, por favor, já podem ligar seus celulares. Alguém pode estar chamando por vocês, e isso é muito importante.

O telefone da casa toca.
O telefone toca.
O telefone toca.

SOBRE O ESPETÁCULO

Coisa pouca

Márcio Abreu
Dramaturgo e diretor, criador da Companhia Brasileira de Teatro

Caro leitor,

Escrevo estas poucas linhas – ainda não sei se serão realmente poucas – para cumprir um chamado que há anos bate à minha porta e só agora tenho a chance de atender. Digo chance querendo dizer sorte, ventura.

Quando o discurso e os personagens da família de *Amores surdos* estavam em vias de nascer, recebi em minha casa um esboço anunciando sua chegada. Digo esboço querendo dizer potencialidade viva, embrião. Junto com o embrião, um convite para me agregar, como encenador, a essa família.

Naquele momento eu me ocupava intensamente de outra família, a de *Apenas o fim do mundo*, de Jean-Luc Lagarce, com meus parceiros da Companhia Brasileira de Teatro. Não pude aceitar o convite. Hoje, mais ou menos cinco anos depois, recebo novamente em minha casa, agora não mais um esboço mas uma obra, orgânica, singular, plena de sua própria história, construída num percurso de amadurecimento de um grupo de teatro que afirma doce e energicamente sua impressão no mundo.

Sei, caro leitor, que este texto é coisa pouca – tutameia, como diria Guimarães Rosa –, e é provável que poucos entre vocês leiam estas linhas, e, naturalmente, não é meu intuito detê-los demasiadamente neste introito. No entanto, cabem-me ainda duas ou três palavras sobre a Mãe e os filhos, Joaquim, Pequeno, Samuel, Graziele e Júnior, e ainda sobre o Pai, os vizinhos e William. Cabem-me ainda duas ou três palavras sobre como ser levado de um só golpe ao universo ficcional dessa família, mantendo todo o tempo a consciência da realidade.

Provocar a entrada consciente na ficção é uma das qualidades de *Amores surdos*, uma composição dramatúrgica de estrutura clara mas complexa, e que deixa espaços vazios a serem preenchidos na cena e na relação com o outro, com o público, no momento presente do teatro. Imediatamente aceitamos o pacto de que a fala que nos é endereçada pelo ator, que nos diz que "todas as histórias já foram contadas", é na verdade o mundo paralelo de um sonâmbulo, o filho Joaquim. Convive neste e em outros mecanismos do texto o jogo de realidades múltiplas que fortalece o caráter ficcional, expandindo nossa realidade de espectadores ativos numa plateia de teatro.

Outro aspecto ativador do nosso imaginário como leitores ou espectadores é a convivência de personagens presentificados no corpo dos atores e de outros presentificados no discurso. Júnior, o filho distante que telefona com saudades para casa e que se matará no final – já sabemos disso desde o início –, existe na fala dos outros, nas reações da Mãe e dos irmãos quando falam com ele e no terrível toque do telefone ao final da peça, prenúncio da tragédia anunciada e que, por isso mesmo, tem a potência de nos afetar, não pela surpresa, mas pela beleza e força da linguagem, pactuada a todo momento conosco. Os vizinhos eruditos e prosaicos, Samuel, que não consegue sair de casa, Graziele, que se refugia nos fones de ouvido, o distante e solitário Júnior, o sonâmbulo Joaquim, a Mãe – expressão de todas as mães do mundo –, o Pai que não vemos mas de quem sentimos a presença constante, Pequeno, que sofre de asma e esconde o pivô surrealista, trágico e melodramático da história (isso mesmo, essas três características improváveis são aqui comungadas em potência teatral única, singular). Esses personagens, humanos em suas fragilidades, relativizam sentimentos e pontos de vista e nos fazem recordar nossa imensa possibilidade de amor, com tudo o que vem junto: "Tem coisas que foram feitas para se viver com elas."

Sei que começo a me demorar, caro leitor, logo eu que gostaria de ter conseguido dizer em poucas palavras algo sobre uma obra de arte. Sei também que esta é uma tarefa difícil. Arte não se diz, fala por si. *Amores surdos* é um texto que fala ele mesmo, por si. As palavras se falam, sua estrutura se significa. E o mais é expansão de sentido e de sensibilidade. Uma historinha qualquer, como todas que já foram contadas, de uma família como todas as famílias. Tutameia, coisa pouca. Digo pouca querendo dizer muita. Digo pequeno querendo dizer grande. *Amores surdos* que nós escutamos, palavra por palavra.

“Pérolas aos poucos”

Gustavo Bones
Ator e integrante do grupo espanca!

Amores surdos nasceu correndo, parto prematuro. Gravidez de risco, o corpo materno quase não aguentou: ancas frágeis, corpo despreparado. A bolsa estourou e o fruto ainda não estava pronto. Foi então obrigado a vir ao mundo. Nasceu numa época em que os pais, ainda muito jovens e sem certezas na vida, cheios de problemas no trabalho, no relacionamento, com outras prioridades, outros projetos, outros desejos com o mundo, os pais não tinham muito tempo para ele. Olhavam para o recém-nascido e pensavam: será que ele vai sobreviver? Será que conseguiremos mantê-lo? Será que um dia meu filho vai me dar orgulho? Me dar alegrias? Será que meu filho? Será? Será que eu devia mesmo investir numa família? Será que solteiro não é melhor? Será que devemos continuar juntos? Temos amor para tanto? Será que os vizinhos eruditos são mais felizes? Será que existe felicidade na solidão? Será que abandono esse filho, essa família que pesa no orçamento, na culpa e no bolso? Será que sim? Os pais, jovens por demais, coitados, se amavam tanto e se debatiam nas dúvidas a cada dia. Aprenderam tropeçando, a cuidar do umbigo, a trocar as fraldas, o primeiro banho, as mamadeiras, o peito, o leite, guardar os brinquedos, e ainda varrer a casa, passar pano, tirar pó, aprenderam tudo isso sapateando. Jovens e inexperientes pais.

Foram tantas incertezas desses pais, tanta dúvida, tanto amor surdo entre eles que um belo dia o que era escondido se apresentou. Então todos se viram cobertos de lama. A família estática coberta de lama. Nessa época, eu andava sonâmbulo: um pé no sonho e outro na realidade. Era eu quem dizia, no auge do problema: EU TENHO UMA ARMA! E queria matar logo esse bicho, resolver logo a história, liquidar de uma vez por todas o problema. SE NÃO MATARMOS, ELE VAI ENGOLIR MAIS UM DE NÓS! Joaquim afobado, ansioso. Como eu, prefere não ver mais a coisa que o angustia. Prefere tirar aquilo das vistas, chega de tanto aporrinhamento, tanta verdade, tanta lama em mim. EU MATO! Nesse instante, no instante tenso em que o problema escondido se escancara, o espanca! berrou bem alto no meu ouvido. Forte, aos prantos, sapato em punho, a plenos pulmões: TEM COISAS QUE FORAM FEITAS PRA SE VIVER COM ELAS! ESSA É A NOSSA REALIDADE! NÃO SE ARRANCA A COLUNA POR CAUSA DA DOR NAS COSTAS! Chorando, ainda assustados com o grito do espanca!, que exigia existir, nós ouvimos juntos uma música inteira, belíssima. Mais calmos, decidimos conviver com as dores, reconhecer a lama, assumir de uma vez por todas a responsabilidade pelos filhos. Viramos pais de família.

E por conta dos adeuses da vida, eu passei a andar descalço. É difícil afrouxar os pés quando eles estão acostumados com o aperto dos sapatos. E agora preciso me despir a cada noite. Despir do personagem. Porque o Pequeno sou eu, o que fui: um olhar curioso e um silêncio observador. Quando criança, brincava com seriedade, queria crescer logo para ter autonomia, decidir por conta própria se posso criar um bicho ou não. Quando me chamo Pequeno, procuro olhar a cena, observar aquelas pessoas e o que elas dizem naquele momento. E dizer as palavras como se eu, meu corpo atual, estivesse falando. E só. Procuro também, por respeito e admiração, evocar os pais que Pequeno já teve. E, assim, aprendo a coreografia a cada noite. Aprendo a me calçar, a crescer. Aprendo que tem gente me olhando. Conto de 1 até 6 e aprendo a respirar. Aprendo a construir trens, castelos, eu mesmo com meus pulmõezinhos. Faço um piano enorme, de cauda, e a música toca sozinha. Estou aprendendo natação porque faz bem aos brônquios. E a cada noite, ouço a música pela primeira vez e descubro, surpreso, o que ela me diz. Ouça a música, família. Ouça, Joaquim. Ouçam todos. Vamos ouvir respirando, dessa vez com calma: O TEMPO SE APURA/ A DOENÇA TRAZ A DOR E A CURA.

A resposta é o tempo

Marcelo Castro
Ator e integrante do grupo espanca!

"Comedy is tragedy plus time." (Carol Burnett)

Até me deparar com esta frase de Carol Burnett, nunca havia entendido a reação das pessoas diante de *Amores surdos*. Como esta peça, que me comove mais que "Pour Elise" de Beethoven, pode fazer as plateias gargalharem? Se comédia é tragédia e ritmo, *Amores surdos* é uma música. *Amores surdos* é uma tragédia feita de som e silêncio.

BIOGRAFIAS

Grace Passô

Grace Passô é diretora, dramaturga e atriz. Estudou no Centro de Formação Artística da Fundação Clóvis Salgado, em Belo Horizonte. Foi cronista do jornal *O tempo* (MG) e atuou em companhias teatrais de Belo Horizonte, como a Armatrux e a Cia. Clara. Em 2004, se juntou ao grupo espanca! e escreveu as peças teatrais *Marcha para Zenturo*, *Amores surdos*, *Congresso Internacional do Medo* e *Por Elise*, tendo sido a diretora dos dois últimos textos. Escreveu e dirigiu *A árvore do esquecimento*, projeto do Festival de Arte Negra de Belo Horizonte. Em 2009, integrou o elenco de *France du Brésil*, espetáculo dirigido por Eva Doumbia, em Marselha, França. Dirigiu ainda *Os bem-intencionados*, do grupo Lume (SP) e *Os ancestrais*, texto de sua autoria, com o Grupo Teatro Invertido (MG).

Dentre os prêmios que recebeu, estão: Prêmio Shell SP e Troféu APCA (melhor autor, 2005); Prêmio SESC/SATED (melhor espetáculo e melhor texto, em 2005 e 2006); Prêmio Usiminas Sinparc (melhor texto e melhor atriz, 2006). Também foi indicada ao Prêmio Shell SP (melhor autor, 2009), Prêmio Qualidade Brasil (melhor texto e melhor atriz, 2008), Prêmio SESC/SATED e Prêmio Usiminas Sinparc (melhor atriz, 2004), entre outras indicações.

espanca!

Sediado em Belo Horizonte (MG), o espanca! foi fundado em 2004 e desde então concebe projetos que movem dinamicamente sua linguagem e expandem a relação do coletivo com o teatro. Com os espetáculos *Por Elise*, *Amores surdos* (dirigido por Rita Clemente), *Congresso Internacional do Medo*, *Marcha para Zenturo* (concebido em parceria com o Grupo XIX de Teatro) e *Líquido tátil* (dirigido e escrito por Daniel Veronese), o grupo criou um repertório em parceria com diversos artistas convidados. Dentre os prêmios e indicações já recebidos estão o Prêmio Shell SP, Prêmio SESC/SATED MG, Prêmio Usiminas Sinparc MG, Prêmio Qualidade Brasil e Troféu APCA. Em 2010, o grupo inaugurou o Teatro Espanca! – sua sede no centro de Belo Horizonte – espaço que além de abrigar as atividades da companhia, se abriu para projetos artísticos de diversas linguagens.

Editoras: ISABEL DIEGUES
BARBARA DUVIVIER
Coordenação de Produção: MELINA BIAL
Produção Editorial: VANESSA GOUVEIA
Revisão Final: EDUARDO CARNEIRO
Projeto Gráfico, Diagramação e Capa: 45 JUJUBAS
Fotos: GUTO MUNIZ
Foto p. 67 (abaixo): JOÃO MARCOS ROSA

Nesta edição, foi respeitado o Acordo Ortográfico da Língua Portuguesa de 1990, que entrou em vigor no Brasil em 2009.

Cobogó

Editora de Livros Cobogó Ltda.
Rua Jardim Botânico, 635/406
Rio de Janeiro - RJ - 22470-050
www.cobogo.com.br

Patrocínio

Realização

CIP-BRASIL. CATALOGAÇÃO-NA-FONTE
SINDICATO NACIONAL DOS EDITORES DE LIVROS, RJ

P318a

Passô, Grace, 1980-
Amores surdos / Grace Passô. - Rio de Janeiro : Cobogó, 2012.
(Espanca! ; 2)

ISBN 978-85-60965-37-3

1. Teatro brasileiro. I. Título. II. Série.

12-7777. CDD: 869.92
CDU: 821.134.3(81)-2

2012

1ª impressão

Este livro foi composto em Franklin Gothic.
Impresso pela Prol Editora Gráfica sobre
papel pólen bold para a Editora Cobogó.